Bibliografische Information der Deutschen Nationalbibliothek:

Die Deutsche Bibliothek verzeichnet diese Publikation in der Deutschen National-
bibliografie; detaillierte bibliografische Daten sind im Internet über http://dnb.d-
nb.de/ abrufbar.

Impressum:

Copyright © 2004 GRIN Verlag
Druck und Bindung: Books on Demand GmbH, Norderstedt Germany
ISBN: 9783656773757

Dieses Buch bei GRIN:

https://www.grin.com/document/60116

Christian Schmid

Datensicherheit und Datenschutz als immer größer werdende Herausforderung für moderne Unternehmen

GRIN Verlag

GRIN - Your knowledge has value

Der GRIN Verlag publiziert seit 1998 wissenschaftliche Arbeiten von Studenten, Hochschullehrern und anderen Akademikern als eBook und gedrucktes Buch. Die Verlagswebsite www.grin.com ist die ideale Plattform zur Veröffentlichung von Hausarbeiten, Abschlussarbeiten, wissenschaftlichen Aufsätzen, Dissertationen und Fachbüchern.

Besuchen Sie uns im Internet:

http://www.grin.com/

http://www.facebook.com/grincom

http://www.twitter.com/grin_com

Datensicherheit und Datenschutz als immer größer werdende Herausforderung für ein modernes Unternehmen

Seminararbeit

Info

von :   Christian Schmid

Studiengang BWG

Seminar Info

4. Semester

Abgabetermin: 15. Dezember 2004

I. Inhaltsverzeichnis

II. Abkürzungsverzeichnis

ADV	Automatisierte Datenverarbeitung
GG	Grundgesetz
BDSG	Bundesdatenschutzgesetz
LDSG	Landesdatenschutzgesetz
TDDSG	Teledienste-Datenschutzgesetz
BfD	Beauftragter für den Datenschutz
RSA	Rivest, Shamir, Adlemann (Die Gründer von RSA)
PKS	Public Key System
IT	Information Technology
IP	Internet Protocol Address

1. Einleitung

Im Rahmen der immer fortschreitenderen Globalisierung, ist es für moderne Unternehmen wichtiger denn je, sich mit Themen wie E-Commerce, digitaler Kommunikation und Information zu beschäftigen. Eine immer zunehmendere automatisierte Datenverarbeitung, sowie der Informationsaustausch zwischen Unternehmen durch Kommunikationsinstrumente wie Intra- und Internet führen zu verstärkten Datenströmen und Online-Aktivitäten. Leider gibt es eine Vielzahl von Statistiken und Erhebungen die zeigt, dass diese Datenströme sowie Datenbestände, einer Vielzahl von Angriffsarten ausgesetzt sind. Jeder „Durschnittsbürger" der nicht unbedingt IT-Experte sein muss, sondern nur ab und an eine Tageszeitung liest, hat bereits von gewissen Angriffsformen wie Viren oder Würmer gehört. Unglücklicherweise wird die Bedrohung auf sensible Daten eines Unternehmens vielfach unterschätzt. Der folgende Bericht soll deshalb aufzeigen warum Datensicherheit und Datenschutz für ein Unternehmen so wichtig sind, welche Angriffsformen es gibt und wie man sich dagegen erfolgreich zur Wehr setzen kann.

2.Definitionen

Zur elementaren Verständnisgrundlage für das in dieser Seminararbeit erörterte Sachgebiet *Datensicherheit und Datenschutz in einem modernen Unternehmen*, ist es zunächst einmal wichtig die „DS"- Begrifflichkeiten **Datensicherheit** und **Datenschutz** zu definieren, so dass diese dadurch auch für den Laien verständlich wirken. Dies soll durch die folgenden Begriffserklärungen erreicht werden.

4

2.1 Was versteht man allgemein unter dem Begriff Datensicherheit ?

„Datensicherheit ist ein Zustand,"[1] eine „Sachlage, bei der Daten unmittelbar oder mittelbar so weit wie möglich vor Beeinträchtigung oder Missbrauch bewahrt sind. Beeinträchtigung von Daten umfasst dabei unter anderem den Verlust, die Zerstörung oder die Verfälschung."[2]

Darüber hinaus beinhaltet der Begriff Datensicherheit auch die sogenannte Datensicherung. **„Datensicherung ist ein Vorgang"[3]** „Unter einer Datensicherung versteht man sowohl den Vorgang des Kopierens der in einem Computersystem vorhandenen Daten auf ein *Speichermedium* (das im allgemeinen transportabel ist), als auch das Ergebnis – die auf dem Speichermedium gesicherten Daten. Die Datensicherung wird auch als *Backup* oder Sicherungskopie bezeichnet. Deren Wiederherstellung nennt man *Restore*."[4]

2.2 Was bedeutet Datenschutz ?

„Der Datenschutz hat zur Aufgabe, den einzelnen davor zu schützen, dass durch den Umgang mit seinen **personenbezogenen Daten** sein **Persönlichkeitsrecht** beeinflusst wird. Vorangig ist dabei **nicht der Schutz der Daten selbst**, sondern die personenbezogenen Daten vor unbefugtem Zugriff und unerlaubter Kenntnisnahme, Verarbeitung und Nutzung zu schützen"[5].

Exkurs : Was sind personenbezogene Daten ?

„Personenbezogene Daten sind Einzelangaben über persönliche oder sachliche Verhältnisse einer bestimmten oder bestimmbaren Person (Betroffener)"[6]

---

[1] Prof. Dr. Gerd Kruppa, Hochschule Nürtingen, Standort Geislingen, Arbeitsunterlagen zur Vorlesung ADV II, SS 2004, Kap. 14.2, Seite 74
[2] Grundlagen der Daten- und Rechnersicherheit, elektronisch veröffentlicht unter http://www.kecos.de/script/31grundldsich.htm ,Seite 2, Recherche Datum : 2004-11-09
[3] Prof. Dr. Gerd Kruppa, Hochschule Nürtingen, Standort Geislingen, Arbeitsunterlagen zur Vorlesung ADV II, SS 2004, Kap. 14.1, Seite 72
[4] Datensicherung Definition – Erklärung im Mathe Lexikon, elektronisch veröffentlicht unter http://www.matheboard.de/lexikon/Datensicherung.definition.htm , Seite 1, Recherche Datum : 2004-11-09
[5] Erklärungen zu Datenschutz und IT-Sicherheit, elektronisch veröffentlicht unter http://www.rz.fh-ulm.de/projects/datsusi/gru.htm , Seite 2, Recherche Datum 2004-11-10
[6] Prof. Dr. Gerd Kruppa, Hochschule Nürtingen, Standort Geislingen, Arbeitsunterlagen zur Vorlesung ADV II, SS 2004, Kap. 14.4.1, Seite 83

2.3 Der Zusammenhang von Datensicherheit und Datenschutz

Der Zusammenhang von Datensicherheit (und somit ja auch der
Datensicherung) und Datenschutz besteht darin, dass Maßnahmen im Rahmen
der Datensicherheit zugleich Maßnahmen im Interesse des Datenschutzes sein
können, man denke z. B. an einen Angestellten in der Personalabteilung der
wichtige Daten von den Beschäftigten des Unternehmens auf ein
Wechselmedium wie CD oder DVD speichert und dieses Medium dann im
betriebseigenen feuerfesten Tresor verwahrt. Somit wird das
Persönlichkeitsrecht der entsprechenden Mitarbeiter gewahrt (→Datenschutz)
und die Daten sind vor Verlust, Zerstörung und Verfälschung (zunächst) einmal
gesichert (→Datensicherheit)

3. Rechtliche Grundlagen

Während es für die Bereiche Datensicherheit und Datensicherung für
Unternehmen „relativ" wenig Gesetzesvorschriften gibt, ist der Datenschutz
durch zahlreiche Verordnungen und Gesetzesvorschriften eindeutig geregelt.
Dies liegt vor allem daran, dass der Datenschutz eine enorm wichtige Aufgabe
zum Inhalt hat: Den Schutz von **Personen** (nicht der Daten !) beim Umgang mit
ihren persönlichen Daten.
Das gesamte Datenschutzrecht dient der Wahrung der informationellen
Selbstbestimmung als Teil des Persönlichkeitsrechts nach Art. 2 Abs. 1 in
Verbindung mit Art 1 Abs. 1 GG. Ziel ist es, einen privaten Lebensbereich zu
schaffen, auf welchen staatliche und private datenverarbeitende Stellen nicht
zugreifen können. Bei der Vielzahl von Datenschutzgesetzen kann
unterschieden werden zwischen allgemeinen (das BDSG und LDSG) und
bereichsspezifischen Gesetzen (z.B. das TDDSG). Für die meisten
Unternehmen ist jedoch nur das sogenannte Bundesdatenschutzgesetz
(BDSG) relevant, da es die wichtigste Rechtsgrundlage im Bereich des
Datenschutzes ist.[7]

[7] Vgl.Datenschutzrecht-Rechtliche Grundlagen, elektronisch veröffentlicht unter
http://www.sakowski.de/skripte/daten.htm , Seite 2 , Recherche Datum : 2004-10-11

6

3.1 Das BDSG

Das BDSG ist –wie auch alle anderen deutschen Datenschutzgesetze- dann anzuwenden, wenn das entsprechende Unternehmen seinen Sitz in Deutschland hat, oder wenn dieses deutsche Unternehmen zum Zweck der Auslagerung Daten im Ausland verarbeiten lässt. Die erste Fassung des BDSG stammt vom 27.1.1977 und ist seit dem 1. Januar 1978 in Kraft. Das Gesetz wurde zwischenzeitlich zweimal novelliert, zuerst am 20.12.1990 und zuletzt mit Wirkung vom 14.1.2003.[8]

„ Zweck dieses Gesetzes ist es, den einzelnen davor zu schützen, dass er durch den Umgang mit seinen personenbezogenen Daten in seinem Persönlichkeitsrecht eingeschränkt wird"[9].

Der wichtigste Teil des BDSG für Unternehmen ist der § 9, der eine strikte Umsetzung technischer und organisatorischer Maßnahmen fordert um einen betrieblichen Datenschutz zu gewährleisten.[10]

Wichtig für Unternehmen ist unter anderem auch der § 2, **Abs.** 3 des BDSG :

„Dieses Gesetz gilt für die Erhebung, Verarbeitung und Nutzung personenbezogener Daten durch nicht öffentliche Stellen, soweit sie die Daten in oder aus Dateien geschäftsmäßig oder für berufliche oder gewerbliche Zwecke verarbeiten oder nutzen"[11]

Weitere wichtige Inhalte des BDSG für Unternehmen sind auch die Meldepflichten nach §§ **4d,e** und die Bestellung eines Beauftragten für den Datenschutz (BfD) nach §§ **4f,g.** Unternehmen können jedoch nach § **4 d (2)** von dieser Meldepflicht befreit werden, wenn ein BfD bestellt wurde. Beschäftigt ein Unternehmen mehr als 4 Arbeitnehmer mit der automatisierten Datenverarbeitung personenbezogener Daten oder mindestens 20 Personen mit einer Verarbeitung solcher Daten auf andere Art und Weise ist die Bestellung eines BfD Pflicht. [12]

---

[8] Vgl.Datenschutzrecht - Rechtliche Grundlagen, elektronisch veröffentlicht unter http://www.sakowski.de/skripte/daten.htm , Seite 2, Recherche Datum : 2004-10-11
[9] Ordemann, Schomerus, Gola :BDSG, Bundesdatenschutzgesetz mit Erläuterungen, 5. Auflage, C.H. Beck´sche Verlagsbuchhandlung, München 1992, § 1, Absatz 1, Seite 4
[10] Ordemann, Schomerus, Gola :BDSG, Bundesdatenschutzgesetz mit Erläuterungen, 5. Auflage, C.H. Beck´sche Verlagsbuchhandlung, München 1992, § 9, Seite 9
[11] Ordemann, Schomerus, Gola :BDSG, Bundesdatenschutzgesetz mit Erläuterungen, 5. Auflage, C.H. Beck´sche Verlagsbuchhandlung, München 1992, § 2, Absatz 3, Seite 4
[12] Vgl. Prof. Dr. Gerd Kruppa, Hochschule Nürtingen, Standort Geislingen, Arbeitsunterlagen zur Vorlesung ADV II, SS 2004, Kap. 14.4.2, Seite 84

4.Warum ist Datensicherheit- und Datenschutz so wichtig für ein Unternehmen ?

Zunächst einmal kann ganz grob zwischen zwei Motiven unterschieden werden, aus welchen sich ein Unternehmen verstärkt mit Datensicherheits- und Datenschutzaspekten beschäftigt – will heißen warum Datensicherheit und Datenschutz so wichtig sind für ein Unternehmen :

► **aus rechtlichen Gründen**

► **aus wirtschaftlichen Gründen**

Wie bereits in Abschnitt 3.1 erwähnt, resultieren die rechtlichen Gründe die ein Unternehmen dazu bewegen sich mit Datensicherheit- und Datenschutz auseinanderzusetzen, vor allem aus dem BDSG, dass von Unternehmen eine strikte Umsetzung entsprechender Maßnahmen fordert um Datensicherheit- und Datenschutz zu gewährleisten. In dem Fall wird also ein von entsprechenden Vorschriften betroffenes Unternehmen deshalb Datensicherheits- und Datenschutzaspekte für wichtig erhalten, um nicht gegen das Gesetz zu verstoßen (und so sämtliche damit verbundende Nachteile auf sich ziehen).

Der entscheidendere Grund jedoch warum Datensicherheits- und Datenschutzmaßnahmen für einen Betrieb so wichtig sind, ist wirtschaftlicher Natur. Eine Vielzahl von Studien und Erhebungen zeigt auf, welche enormen Schäden durch Angriffe (sei es beabsichtigt oder unbeabsichtigt) auf sicherheitsrelevante Daten einem Unternehmen entstehen können.

4.1 Gefährdungen der Datensicherheit und des Datenschutzes

Diese Angriffe auf wichtige Daten eines Unternehmens können sowohl durch **eigene Mitarbeiter** (Insider), **externe Angreifer**, **technisches Versagen** (Stromausfall, Hardwaredefekt, Betriebssystem- und Programmfehler usw). oder auch durch **höhere Gewalt** erfolgen. Attacken bzw. treffender formuliert Schäden durch höhere Gewalt (sogenannte acts of god) entstehen z.B. durch Brand, Wasserschaden, Erdbeben etc. Datenangriffe durch Insider können mutwillig erfolgen z.B. aus Motiven wie Neugier, Rache gegenüber dem Betrieb oder aus technischer bzw. intellektueller Herausforderung beim Überwinden von Sicherheitssystemen.[13] Oftmals geschehen aber auch unbeabsichtigte Datenattacken von Mitarbeitern z.b. hervorgerufen durch unsachgemäße Behandlung von Hardware oder social engineering (nicht geheim gehaltene Passwörter, keine Richtlinien für das Verhalten von Mitarbeitern,...)[14] Obgleich die geschilderten Angriffsarten in einem Unternehmen durchaus hohe Schäden verursachen können, sind die negativen wirtschaftlichen Folgen durch Angriffe externer Art (diese sind in der Regel immer mutwillig) oft drastischer. Diese Art von Angriff kann in drei Kategorien grob unterteilt werden:

► **konventionelle Angriffsform**: z.b. Sabotage jeglicher Art, Gerätediebstahl, Manipulation in Buchführungssystemen oder Hardwarezerstörung, Installation von Abhörsystemen,...

► **konventionelle Angriffsform mit Hilfe von IT-Technik**: z.b. löschen, hinzufügen oder manipulieren von Daten oder Softwaremanipulation oder (Dies geschieht oftmals durch sogenannte Hacker die sich ins unternehmenseigene IT-System einloggen) Abhören von Daten mittels Notebook in unmittelbarer Nähe zum Firmengebäude.

► **logische Angriffsform**[15] : Dazu gehören sämtliche Bedrohungen aus dem Internet z.b. sogenannte Malware (Malware steht für Malicious Software und bedeutet soviel wie „böswillige Software", man sagt auch Schadensprogramm dazu).

Die wichtigsten Beispiele für Malware sind :

Trojanische Pferde („Trojaner"), Hoaxes, Computerviren und Würmer[16] Weitere Schadensprogramme sind z.B. Mail-Bomben (Der Empfänger erhält viele gleichlautende E-Mails, so dass das Abrufen der nächsten Mail zur Qual wird) oder IP-Spoofing (einem angegriffenen System wird eine falsche Identität vorgegauckelt um Daten mitlesen zu können oder um Daten unter einer gefälschten Adresse zu versenden).

---

[13] Vgl. PD Dr. Horst Lazarek, Datenschutz und Datensicherheit –national und international-, elektronisch veröffentlicht unter http://www.inf.tu-dresden.de/~lvinfHl4/download/dsds/1_einfuehrung.pdf , Seite 22, Recherche Datum : 2004-11-17

[14] Vgl. cpsd it services GmbH, Der richtige Weg zur Datensicherheit im Unternehmen, elektronisch veröffentlicht unter http://www.cpsd.at/download/Datensicherheit.pdf, Seite 5, Recherche Datum : 2004-11-17

[15] Vgl. PD Dr. Horst Lazarek, Datenschutz und Datensicherheit –national und international-, elektronisch veröffentlicht unter http://www.inf.tu-dresden.de/~lvinfHl4/download/dsds/1_einfuehrung.pdf , Seite 25, Recherche Datum : 2004-11-17

[16] Vgl. Gendarmerie aktiv – Malware! Viren , Würmer und Trojaner, elektronisch veröffentlicht unter http://www.gendarmerie-aktiv.at/zeitung/200404_viren.html , Recherche Datum : 2004-11-18

Neben diesen genannten Programmtypen gibt es noch zahlreiche weitere (Distributed Denial of Service Attacks, Broadcast Storms, Ping Flooding, Sniffing, ...)[17] deren Erklärung hier zu weit führen würde.

Da die in diesem Abschnitt erläuterten Bedrohungen für die Datensicherheit und den Datenschutz im Eintrittsfall erhebliche wirtschaftliche Schäden verursachen (durch Datenverlust platzende Verträge, wichtige Forschungsvorhaben schlagen fehl, interne Informationen oder Strategien z.B. über Produktentwicklungen gelangen in die Hände der Konkurrenz usw.) ,die sogar bis zur Existenzgefährdung des betroffenen Unternehmens führen können, wird unmissverständlich klar, dass Datensicherheits- und Datenschutzaspekte keinesfalls „stiefmütterlich" behandelt werden sollten. Nachdem im Abschnitt 4.1 ausführlich erörtert wurde mit welchen Arten von IT-Angriffen ein Unternehmen zu rechnen hat, sollen im Kapitel 6 Maßnahmen aufgezeigt werden, um diesen Gefährdungen entgegenzuwirken.

5. Ziele der Datensicherheit und des Datenschutzes

Im Zusammenhang mit Datensicherheit und Datenschutz werden immer wieder die Begriffe Vertraulichkeit, Verfügbarkeit, Integrität und Authentizität genannt. Doch was bedeuten diese Ziele konkret ?

► Vertraulichkeit : Der Zugriff auf Daten soll nur durch berechtigte Personen erfolgen. Vertraulichkeit ist der Schutz vor unbefugter Kenntnisnahme, Manipulation, Weiterverarbeitung oder Löschung von Daten

► Verfügbarkeit : Daten sollen stets verfügbar sein durch berechtigte Zugänglichkeiten und Funktionsfähigkeit des Datenverarbeitungssystems

► Integrität : Integrität bedeutet die Gewährleistung von aktuellen, korrekten und vollständigen Daten. Hard-und Software sollen vor unberechtigter Veränderung geschützt werden.

► Authentizität : Der Absender muss eindeutig sein und vom Empfänger identifiziert werden können[18]

---

[17] Vgl. allgemeiner-datenschutz – Faq´s – Welche Angriffsformen gibt es ? , elektronisch veröffentlicht unter https://ssl.kundenserver.de/ssl.allgemeiner-datenschutz.de/faq/hack/index1.htm , Seite 1 und 2 , Recherche Datum : 2004-11-18
[18] Vgl. Erklärungen zu Datenschutz und IT-Sicherheit, elektronisch veröffentlicht unter http://www.rz.fh-ulm.de/projects/datsusi/gru.htm , Seite 2, Recherche Datum 2004-11-10

6. Maßnahmen zur Gewährleistung der Datensicherheit und des Datenschutzes in einem Unternehmen

Datensicherheits- und Datenschutzmaßnahmen können nach verschiedenartigsten Kriterien klassifiziert werden so z.b.

- nach dem Wirkungs**zeitpunkt**

►*Preloss-Maßnahmen* : Diese Maßnahmen sollen die Eintrittswahrscheinlichkeit von gefährdenden Ereignissen reduzieren (der Schadensfall ist also noch nicht eingetreten)

►*Postloss-Maßnahmen* : Diese Maßnahmen sollen den Schadensausmaß begrenzen (der Schadensfall ist also bereits eingetreten)

- nach den Wirkungs**zielen**[19]

►*organisatorische Maßnahmen* : Diese Maßnahmen sind **theoretisch** (Dienstvorschriften, Checklisten, Datenschutzberichte etc.) und beschreiben welche praktischen Maßnahmen zu treffen sind

►technische und physische Maßnahmen: Diese Maßnahmen werden **praktisch** angewandt (Installation einer Firewall, Verschlüsselung von Daten, Durchführung einer Datensicherung, Anbringen von Türschlössern usw.)

6.1 Preloss-Maßnahmen

Wie bereits erwähnt, versteht man unter Preloss Maßnahmen all diejenigen Maßnahmen, die ergriffen werden, wenn der Schadensfall noch nicht eingetreten ist. Es ist somit enorm wichtig für ein Unternehmen, Maßnahmen dieser Kategorie möglichst frühzeitig und umfassend **zu treffen**, um dadurch entwaige Postloss Maßnahmen (Maßnahmen zur Schadensreduzierung), **nicht treffen** zu müssen. Durch diese Vorgehensweise werden erhebliche Kosten eingespart, die durch Preloss Maßnahmen entstehen.

---

[19] Vgl. PD Dr. Horst Lazarek, Datenschutz und Datensicherheit –national und international-, elektronisch veröffentlicht unter http://www.inf.tu-dresden.de/~lvinfHl4/download/dsds/1_einfuehrung.pdf , Seite 32, Recherche Datum : 2004-11-17

6.1.1 Organisatorische Preloss Maßnahmen

Die organisatorischen Maßnahmen zur Datensicherheit und zum Datenschutz beginnen bei der Anschaffung von Hard-und Software eines Betriebes. Zunächst einmal sollte **nur die Hard- und Software installiert werden, die für die entsprechenden datenverarbeitenden Stelle erforderlich sind**. Viele Computerprogramme sind in der Lage sensible Daten, vor allem personenbezogene zu verarbeiten. Um ein Missbrauchsrisiko weitestgehend zu vermeiden bzw. einzuschränken, sollten solche Programme nur Arbeitsplätzen zur Verfügung gestellt werden, die solche Programme für dienstliche Zwecke benötigen.

Bevor man nun zum zweiten Schritt, der Aufnahme des regulären Betriebes übergeht, müssen ebenfalls wichtige Vorkehrungen getroffen werden. Dazu gehört vor allem die **Festlegung der Verantwortlichkeiten** beim Umgang mit den Arbeitsplatzcomputern. Im Rahmen dieser Maßnahme werden Benutzer eingerichtet sowie Rechte und Kompetenzen an die ensprechenden Mitarbeiter verteilt. Zur weiteren Gewährleistung von Datensicherheit und Datenschutz müssen in dieser Phase **Schulungen** durchgeführt werden. Dadurch sollen den Aufgabenträgern die notwendigen Kenntnisse und Fertigkeiten zu Bedienung der Systeme und Programme vermittelt werden. Fehlende oder unzureichende Kenntnisse der entsprechenden Personen können sehr schnell zu Datenverlusten oder Datenschutzverstößen führen. Eine weitere organisatorische Maßnahme in dieser Phase ist das **richtige Aufstellen von Bildschirmen und Druckern** in allen Arbeitsräumen mit Publikumsverkehr. So z.B könnte man Bildschirme und Drucker nur an ausgewählten Stellen installieren oder diese gar mit Sichtblenden versehen, dass weder Bildschirminhalt noch Druckausgabe von unbefugten Personen eingesehen werden kann. Desweiteren sollte man **nur benötigte Netzanschlüsse aktivieren**, es sollten also nur diejenigen Netzanschlussdosen in ein lokales Netz integriert werden, welche auch wirklich zur Aufgabenerfüllung erforderlich sind. Auf diese Art und Weise werden Versuche fremder und unerwünschter Computer sich in das Netz einzuklinken erschwert. Ein weiterer Schritt zur Datensicherheit und zum Datenschutz ist die **Beschränkung von Download-Möglichkeiten**. Dies beeinhaltet sowohl

Downloads aus dem Internet als auch von Datenbanken welche auf zentralen Servern angelegt sind.

Bei Internet-Downloads besteht z.b. die permanente Gefahr eines Viren, Trojaner oder Würmerangriffs bei Downloads von zentralen Datenbanken dagegen werden vertrauliche personenbezogene Daten auf unnötig viele Festplatten von Arbeitsplatzcomputern heruntergeladen. Man sollte daher Download-Möglichkeiten nur Mitarbeitern einräumen die diese Funktion zur Erfüllung dienstlicher Aufgaben benötigen. Dadurch werden unnötige Datenströme vermieden. Weitere organisatorische Maßnahmen sind auch

-Dienstanweisungen

-regelmäßiges Überprüfen der Sicherheitsmaßnahmen

-die Vermeidung von Schnittstellen (bei der Datenübertragung z.B.)

-das ständige Protokollieren (z.B. wann und wer zu welcher Zeit als Benutzer angemeldet war)

-das Erstellen eines Datensicherheits- und schutz konzeptes/Risikomodells[20]

6.1.2 Technische und bauliche Preloss-Maßnahmen

Technische und bauliche Preloss-Maßnahmen stützen sich in der Regel auf vorherige organisatorische Schritte wie Dienstanweisungen oder Richtlinien. Technische und bauliche Maßnahmen sind also nur dann effektiv, wenn die organisatorischen Rahmenbedingungen bei ihrer Umsetzung berücksichtigt werden.

So kann z.B. die organisatorische Forderung wonach Zugriffe auf Daten nur durch berechtigte Personen erfolgen soll (Zugriffskontrolle) durch die **Einführung eines Identifikationsverfahrens** erfüllt werden. Ein Identifikationsverfahren sollte je nach Sensibilität der Daten aus mehreren Schritten bestehen. Die Identifikation kann durch Passwort und Username (klassisch) sowie durch biometrische Verfahren wie Fingerabdruck, Stimmerkennung, Netzhautscan und Irisimuster, Gesichtserkennung, Handgeometrie, Geruchserkennung bis hin zur Gen-Analyse erfolgen. In den

---

[20] Vgl. Der Landesbeauftragte für den Datenschutz Baden-Württemberg, Datensicherheit beim Einsatz von PC und lokalen Netzwerken, elektronisch veröffentlicht unter http://www.baden-wuerttemberg.datenschutz.de/Home/service/lfd-merkblaetter/pcln.htmp/851/MB_bDSB_1004.pdf , Seiten 2, 3, 4, 8, Recherche Datum : 2004-11-12

meisten Fällen ist aufgrund der Brisanz der Daten ein konventioneller Passwort-
und Usernameschutz nicht mehr ausreichend.

Bei der sogenannten Zugangskontrolle (der Unterschied zur Zugriffskontrolle
besteht darin, dass hier der Zugang zum System bzw. Computer und nicht zu
den Daten überwacht wird) finden dieselben Maßnahmen Anwendung.[21]
Ein weiterer wichtiger Punkt dem Rechnung getragen werden sollte, ist die
Zutrittskontrolle. Bei der Zutrittskontrolle (Kontrolle des Betretens eines Raumes
mit schutzwürdigen Daten) soll vermieden werden, dass Unbefugte in
Räumlichkeiten gelangen in denen sensible Daten aufbewahrt sind, bzw.
kontrolliert werden wann und wie lang befugte Personen sich in diesen Räumen
aufhalten. Als Zutrittskontrolle kommen verschiedenen Maßnahmen in Betracht.
Dazu gehören das **Abschließen von entsprechenden Räumen, die Aufsicht
von Dritten wie Reinigungs-oder Wartungsdiensten durch Bedienstete**
oder auch sämtliche rechnerunterstützte Verfahren wie
Zeiterfassungssysteme um festzuhalten, wer wann und wie lang anwesend
war. Auch die **Installation von Kamerasystemen und Passwörtern** wäre hier
eine Möglichkeiten um Räumlichkeiten zu überwachen.[22]
Eine weitere wichtige technische Maßnahme ist der Schutz vor jeglichen Arten
von Schadensprogrammen (=logische Angriffsformen, siehe auch 4.1) wie
Viren, Trojaner, Würmer, Denial of Service, oder E-mail Bomben. Um sich vor
dieser Art von Angriff zu schützen sollten eine **Firewall** und ein (ständig aktuell
gehaltenes) **Anti-Viren Programm** installiert werden. Desweiteren sollte man
regelmäßig sogenannte **Backups durchführen**, das heißt wichtige Daten im
Abstand von einem Tag, einer Woche oder einem Monat auf externe Medien
(CD, DVD, Zip-Disk etc.) kopieren und diese getrennt von den original Daten
aufbewahren). Bei der Datensicherung durch Backups lassen sich
verschiedenen Verfahren unterscheiden:
-differentielle Datensicherung → die seit dem letzten vollständigen Backup
geänderten Daten werden vollständig gespeichert
-inkrementelle Datensicherung → es werden nur die Daten gesichert, die sich
seit der letzten Datensicherung geändert haben

[21] Vgl. Einführung biometrische Verfahren, elektronisch veröffentlicht unter
http://www.informatik.uni-ulm.de/ni/Lehre/WS03/HSBiometrie/ausarbeitungen/Morandell.pdf ,
Recherche Datum : 2004-12-05
[22] Vgl. technischer und organisatorischer Datenschutz Seite 9 und 10, elektronisch
veröffentlicht unter http://www.datenschutz.thueringen.de/veroeffentlichungen/tb2/tb2_15.htm ,
Recherche Datum : 2004-11-12

14

-vollständige Datensicherung → alle Daten werden gesichert unabhängig davon wann und ob sie bereits gesichert wurden

Durch Backups wird nicht nur der Gefahr durch Schadensprogramme begegnet, auch dem Risiko von Hardware-Defekten (z.B. durch Blitzschlag, Wasser, Feuer, Explosion) und menschlichen Fehlverhaltens (wie etwa versehentliches Löschen oder Verändern von Daten) wird Rechnung getragen. [23)]

Um für die notwendige Datensicherheit und den geforderten Datenschutz bei der Übertragung von Daten zu sorgen, werden **kryptographische Verfahren** eingesetzt. Dadurch soll vor allem verhindert werden, dass versendete Daten von Dritten ausspioniert werden. Im folgenden sollen die symmetrische und asymmetrische Verschlüsselung sowie das hybride Verfahren als Kryptographieverfahren beschrieben werden. Bei der *symmetrischen Verschlüsselung* werden die Daten durch einen geheimen Schlüssel ver- bzw. entschlüsselt. Dieser Schlüssel muss Absender und Empfänger bekannt sein und vor dem eigentlichen Datenversand persönlich ausgetauscht werden. Dieser Austausch sollte über einen sicheren Kanal erfolgen, also nicht über das unsichere Internet. Ein weiteres Verschlüsselungsverfahren ist die *asymmetrische Verschlüsselung.* Hier wird ein zusammengehöriges Schlüsselpaar verwendet, wobei einer der beiden Schlüssel zum Ver- der andere zum Entschlüsseln benötigt wird. Im Rahmen eines Public Key Systems (PKS) wird einer der beiden Schlüssel veröffentlicht (z.B. über www oder Tageszeitung) und kann von jedem Absender verwendet werden (sogenannter Public Key). Der Empfänger einer Nachricht erhält dagegen den sogenannten Private Key, um die Nachricht dann entschlüsseln zu können. Ein sehr bekanntes PKS ist der RSA Algorithmus. Das sogenannte *hybride Verfahren* stellt eine Kombination aus symmetrischer und asymmetrischer Verschlüsselung dar. Es wird eingesetzt aufgrund des hohen Rechenaufwands bei asymmetrischen Verfahren. Im Rahmen dieses Verfahrens wird zunächst einmal eine Nachricht durch den Sender mit einem speziellen geheimen Schlüssel (Session Key) symmetrisch verschlüsselt. Dieser Session Key wird dann assymetrisch innerhalb eines PKS mit dem Public Key des Senders verschlüsselt und an den Empfänger versendet. Der Empfänger ist nun in der

---

[23)] Vgl. Datensicherung-Wikipedia, elektronisch veröffentlicht unter http://de.wikipedia.org/wiki/Datensicherung , Recherche Datum : 2004-11-09

Lage den Session Key asymmetrisch mit seinem Privat Key und somit die eigentliche Nachricht symmetrisch entschlüsseln.

Der Rechenaufwand bei der asymmetrischen Verschlüsselung bleibt gering, da nur der symmetrische Schlüssel verschlüsselt wird.[24]

Neben den hier beschriebenen technischen Maßnahmen, sollte ein Unternehmen auch stets **physische bzw. bauliche Maßnahmen** ergreifen um die allgemeine Datensicherheit bzw. den Datenschutz zu erweitern. Dazu gehören Blitzschutz und Feuermeldeanlagen, feuerhemmendes Baumaterial für alle EDV-Räume, feuerfeste Tresore zur Aktenaufbewahrung, Brandschutzklappen, Notbeleuchtung, Einbruchssicherungen (Alarmanlage, enstprechende Schlösser), Isolation der EDV-Anlagen und des Rechenzentrums (keine Wegweiser anbringen !), sichern der Rechner mit Stahlseil, Ordnung in Kabelkanälen schaffen usw.[25]

6.2 Postloss-Maßnahmen

Da Postloss Massnahmen den Schaden (der bereits eingetreten ist) nicht mehr abwenden, sondern nur noch begrenzen können, sollte ein Unternehmen möglichst versuchen solche Maßnahmen erst gar nicht treffen zu müssen, indem die Preloss Massnahmen entsprechend strikt durchgeführt werden. Manchmal jedoch treten Ereigisse ein, die auch durch die besten Sicherheitsvorkehrungen nicht auszuschließen sind, wie etwa die sogenannten „acts of god" (Blitzschlag, Wasserschaden, Erdbeben, Krieg, etc.) Das beste Beispiel ist hier sicherlich der terroristische Anschlag auf das World Trade Center am 11. September 2001. Hierbei wurden zahlreiche Daten auf den Festplatten der sich im Gebäude befindenden Computer durch Explosion und Feuer zerstört. Um dann den Schadensausmaß auf relevante Unternehmensdaten nach dem sogenannten „worst case" zu beschränken können verschiedene Maßnahmen getroffen werden.

Zu diesen Maßnahmen gehören z.B. das Abschließen von Datenversicherungen (hierfür gibt es eine Menge von Anbietern wie etwa

---

[24] Vgl. symmetrische Verschlüsselung, asymmetrische Verschlüsselung, hybride Verfahren, elektronisch veröffentlicht unter http://ddi.cs.uni-potsdam.de/Lehre/e-commerce/elBez2-5/page05.html , Recherche Datum : 2004-12-05

[25] Vgl. Sicherheit in der Informatik, elektronisch veröffentlicht unter http://www.sowi.ch/14knowledge/pdf/SI_Sicherheit_in_der_Informatik_20030501_a.pdf Recherche Datum : 2004-12-05

16

http://www.versicherungen.de/1556.0.html) oder die Inanspruchnahme von kommerziellen Datenrettungsdiensten wie ONTRACK, ibas oder ComDas.

7. Fazit

Wie in Abschnitt 4.1 aufgezeigt wurde, ist jedes datenverarbeitende Unternehmen zahlreichen Gefahren hinsichtlich des Datenschutzes und der Datensicherheit ausgesetzt. Da jedoch Unternehmen rechtlich zur Wahrung des Datenschutzes verpflichtet sind und es außerdem auch wirtschaftlich äußerst empfehlenswert ist für die notwendige Datensicherheit zu sorgen, sollte jedes Unternehmen die jeweils individuellen Maßnahmen treffen, um Datenschutz und Datensicherheit zu gewährleisten. In Kapitel 6 wurde ein „bunter Strauss" an solchen Maßnahmen vorgestellt, von welchen sicherlich einige dazu verwendet werden können ein ausreichendes Sicherheitskonzept für ein Unternehmen zusammenzustellen. Um der immer komplexer werdenden Herausforderung Datensicherheit- und Datenschutz auch in Zukunft begegnen zu können, sollte ein Unternehmen auch nicht davon zurückschrecken in seine IT- Sicherheit zu investieren. Oftmals sind die dabei entstehende Kosten wesentlich geringer als die Schäden die entstehen, wenn ein Sicherheitssystem aufgrund von Einsparungen kritische Lücken aufweist.

17

III. Literaturverzeichnis

Seite

Allgemeiner-datenschutz – Faq´s – Welche Angriffsformen
gibt es ? , elektronisch veröffentlicht unter
https://ssl.kundenserver.de/ssl.allgemeiner-
datenschutz.de/faq/hack/index1.htm , Seite 1 und 2 ,
Recherche Datum : 2004-11-18   9

cpsd it services GmbH, Der richtige Weg zur Datensicherheit
im Unternehmen, elektronisch veröffentlicht unter
http://www.cpsd.at/download/Datensicherheit.pdf, Seite 5,
Recherche Datum : 2004-11-17   8

Datenschutzrecht-Rechtliche Grundlagen, elektronisch veröffentlicht
unter http://www.sakowski.de/skripte/daten.htm , Seite 2 ,
Recherche Datum : 2004-10-11   5

Datenschutzrecht-Rechtliche Grundlagen, elektronisch veröffentlicht
unter http://www.sakowski.de/skripte/daten.htm , Seite 2 ,
Recherche Datum : 2004-10-11   6

Datensicherung Definition – Erklärung im Mathe Lexikon,
elektronisch veröffentlicht unter
http://www.matheboard.de/lexikon/Datensicherung,definition.htm ,
Seite 1, Recherche Datum : 2004-11-09   4

Datensicherung-Wikipedia, elektronisch veröffentlicht unter
http://de.wikipedia.org/wiki/Datensicherung ,
Recherche Datum : 2004-11-09   14

18

Der Landesbeauftragte für den Datenschutz Baden-Württemberg,

Datensicherheit beim Einsatz von PC und lokalen Netzwerken,

elektronisch veröffentlicht unter http://www.baden-

wuerttemberg.datenschutz.de/Home/service/lfd-

merkblaetter/pcln.htmp/851/MB_bDSB_1004.pdf , Seiten 2, 3, 4, 8,

Recherche Datum : 2004-11-12   12

Einführung biometrische Verfahren, elektronisch veröffentlicht unter

http://www.informatik.uni-

ulm.de/ni/Lehre/WS03/HSBiometrie/ausarbeitungen/Morandell.pdf ,

Recherche Datum : 2004-12-05   13

Erklärungen zu Datenschutz und IT-Sicherheit, elektronisch

veröffentlicht unter http://www.rz.fh-ulm.de/projects/datsusi/gru.htm ,   9

Seite 2, Recherche Datum 2004-11-10

Erklärungen zu Datenschutz und IT-Sicherheit, elektronisch

veröffentlicht unter http://www.rz.fh-ulm.de/projects/datsusi/gru.htm ,   4

Seite 2, Recherche Datum 2004-11-10

Gendarmerie aktiv – Malware! Viren , Würmer und Trojaner,

elektronisch veröffentlicht unter

http://www.gendarmerie-aktiv.at/zeitung/200404_viren.html ,

Recherche Datum : 2004-11-18   8

Grundlagen der Daten- und Rechnersicherheit, elektronisch

veröffentlicht unter http://www.kecos.de/script/31grundldsich.htm ,

Seite 2, Recherche Datum : 2004-11-09   4

Kruppa, Prof. Dr., Gerd, Hochschule Nürtingen,

Standort Geislingen, Arbeitsunterlagen zur Vorlesung ADV II,

SS 2004, Kap. 14.1, Seite 72   4

19

Kruppa, Prof. Dr., Gerd, Hochschule Nürtingen,

Standort Geislingen, Arbeitsunterlagen zur Vorlesung ADV II,

SS 2004, Kap. 14.2, Seite 74   4

Kruppa, Prof. Dr., Gerd, Hochschule Nürtingen,

Standort Geislingen, Arbeitsunterlagen zur Vorlesung ADV II,

SS 2004, Kap. 14.4.1, Seite 83   4

Kruppa, Prof. Dr., Gerd, Hochschule Nürtingen,

Standort Geislingen, Arbeitsunterlagen zur Vorlesung ADV II,

SS 2004, Kap. 14.4.2, Seite 84   6

Lazarek, PD Dr., Horst, Datenschutz und Datensicherheit –national

und international-, elektronisch veröffentlicht unter http://www.inf.tu-

dresden.de/~IvinfHI4/download/dsds/1_einfuehrung.pdf , Seite 22,

Recherche Datum : 2004-11-17   8

Lazarek, PD Dr., Horst, Datenschutz und Datensicherheit –national

und international-, elektronisch veröffentlicht unter http://www.inf.tu-

dresden.de/~IvinfHI4/download/dsds/1_einfuehrung.pdf , Seite 25,

Recherche Datum : 2004-11-17   8

Lazarek, PD Dr., Horst, Datenschutz und Datensicherheit –national

und international-, elektronisch veröffentlicht unter http://www.inf.tu-

dresden.de/~IvinfHI4/download/dsds/1_einfuehrung.pdf , Seite 32,

Recherche Datum : 2004-11-17   10

Ordemann, Schomerus, Gola :BDSG, Bundesdatenschutzgesetz mit

Erläuterungen, 5. Auflage, C.H. Beck´sche Verlagsbuchhandlung,

München 1992, § 1, Absatz 1, Seite 4   6

20

Ordemann, Schomerus, Gola :BDSG, Bundesdatenschutzgesetz mit
Erläuterungen, 5. Auflage, C.H. Beck'sche Verlagsbuchhandlung,
München 1992, § 9, Seite 9   6

Ordemann, Schomerus, Gola :BDSG, Bundesdatenschutzgesetz mit
Erläuterungen, 5. Auflage, C.H. Beck'sche Verlagsbuchhandlung,
München 1992, § 2, Absatz 3, Seite 4   6

Sicherheit in der Informatik, elektronisch veröffentlicht unter
http://www.sowi.ch/14knowledge/pdf/SI_Sicherheit in der
Informatik 20030501_a.pdf
Recherche Datum : 2004-12-05   15

Symmetrische Verschlüsselung, asymmetrische Verschlüsselung,
hybride Verfahren, elektronisch veröffentlicht unter
http://ddi.cs.uni-potsdam.de/Lehre/e-commerce/elBez2-5/page05.html ,
Recherche Datum : 2004-12-05   15

Technischer und organisatorischer Datenschutz Seite 9 und 10,
elektronisch veröffentlicht unter
http://www.datenschutz.thueringen.de/veroeffentlichungen/tb2/tb2_
15.htm , Recherche Datum : 2004-11-12   14

BEI GRIN MACHT SICH IHR
WISSEN BEZAHLT

- Wir veröffentlichen Ihre Hausarbeit,
  Bachelor- und Masterarbeit

- Ihr eigenes eBook und Buch -
  weltweit in allen wichtigen Shops

- Verdienen Sie an jedem Verkauf

Jetzt bei www.GRIN.com hochladen
und kostenlos publizieren